AF330438

DE
LA NÉCESSITÉ
DE DIMINUER LE BUDGET DE L'ÉTAT,

ET

DE PROCÉDER

A UNE PROMPTE RÉVISION DU TARIF

DE

TOUS LES EMPLOIS.

PARIS,
IMPRIMERIE DE DAVID,
BOULEVART POISSONNIÈRE, N° 4 *bis.*

1830.

DE
LA NÉCESSITÉ

DE DIMINUER LE BUDGET DE L'ÉTAT

ET

DE PROCÉDER

A UNE PROMPTE RÉVISION DU TARIF

DE

TOUS LES EMPLOIS.

La France est lasse de payer un budget d'un milliard employé en entier à faire vivre dans le faste une nuée d'employés de toute espèce ; elle est lasse de payer un milliard pour n'avoir ni armée, ni marine, et pour voir tomber en ruines toutes ses forteresses. Il faut de grandes économies, tel est le cri de la France. Ces économies ne peuvent porter sur les sommes employées au matériel, à l'édification des monumens, à l'entretien des places de guerre, à la construction des vaisseaux, à la fabrication des armes : le budget de tout ce matériel exige au contraire de grands supplémens. L'économie ne peut donc se faire qu'aux dépens des traitemens.

Songeons bien que notre dette seule absorbe 250 millions de rente, et qu'il est dans les événemens possibles que nous soyons obligés de dépenser 5oo millions par an pour le seul ministère de la guerre ; songeons bien qu'il faut pouvoir faire la guerre sans emprunts, sous peine d'être entraînés rapidement au fond du précipice. Nous touchons à la limite qui nous sépare de l'abîme.

Le précédent Gouvernement, outre son énorme budget, avait l'impudeur d'emprunter 8o millions par an, pour mettre son armée sur le pied de paix, au complet de cent cinquante mille hommes. C'est-à-dire, pour avoir une force de moitié inférieure à celle qu'entretient la Prusse.

Que serait donc devenue notre malheureuse patrie s'il avait fallu soutenir une guerre contre quelques grandes puissances de l'Europe? Aussi les Bourbons déposaient-ils leur sceptre entre les mains de l'étranger. Ils regardaient les Français comme leurs ennemis, et comptaient sur l'assistance des Autrichiens ou des Anglais pour nous courber sous le joug de l'absolutisme. Ils n'avaient pour ainsi dire qu'une armée de gendarmes et de sbires, et ils laissaient au temps le soin de démanteler les boulevarts de Vauban.

L'état des choses est changé ; il faut à la France une armée nombreuse et capable d'imposer aux étrangers qui auraient l'envie d'intervenir dans nos affaires. Une garde nationale bien organisée doit remplir en partie ce but, mais ne peut nor dispenser d'entretenir de vastes cadres de tror régulières. L'artillerie, la cavalerie, la mase forment pas dans un mois ; et ces corps, aussi bien que les troupes du génie, devront toujours être prêts à entrer en campagne.

Le budget de la guerre sera donc toujours très lourd ; cependant il faut dégrever le peuple, supprimer quelques droits odieux, et surtout *ne pas emprunter*, ni en temps de paix, ni même en temps de guerre.

Les emprunts sont l'expédient le plus funeste que les agioteurs aient inventé pour la ruine et le malheur des peuples. On emprunte dans les temps de détresse, au moment où l'argent se resserre, et l'on se trouve à la merci des capitalistes, qui vendent leur funeste secours à un taux usuraire et scandaleux. Pour payer l'étranger, nous avons livré à 52 f. des rentes que depuis nous avons rachetées au prix de 107 f. : le fils de famille le plus extravagant ferait-il jamais d'aussi mauvaises affaires ?

Sans cette invention infernale des emprunts, croit-on que l'on aurait arraché à la France le milliard de rançon qu'exigeaient en 1815 les Anglais et les Prussiens ? Elle aurait jeté son glaive dans la balance où l'on pesait ses destinées, et elle se serait écriée : *Malheur aux vainqueurs arrogans qui poussent une nation généreuse au désespoir!* Croit-on qu'elle aurait consenti à payer 400 millions pour la guerre d'Espagne ? Croit-on que l'on aurait obtenu le milliard de l'indemnité ?

Vouons à l'exécration des contemporains ces moyens funestes de dévorer l'avenir et de dilapider en un jour la valeur foncière de tout un empire. Plus d'emprunts, pas même pour faire la guerre. Si elle est juste, la nation en fera les frais volontiers; si la nation veut rester en paix, on ne la jettera pas malgré elle dans des querelles ruineuses, sans profit et sans gloire. Jamais une nation ne doit emprunter au début d'une guerre; ce ne serait tout au plus qu'après de longues années d'efforts extraordinaires que ce moyen pourrait être admis, et pour terminer une guerre acharnée qui aurait pour but la conservation de l'indépendance nationale. Et encore vaut-il mieux proscrire à jamais ces expédiens funestes, dont il est impossible de ne pas abuser.

Plus d'emprunts, jamais d'emprunts! Tel doit être le cri unanime de toute la France. Quel droit avons-nous d'aliéner le sol que fouleront nos enfans quand nous serons dans la tombe? de les déshériter, de les réduire à l'impuissance de payer un Gouvernement et une armée pour le défendre? Quel droit avons-nous de rejeter sur notre postérité le fardeau qui s'est aggloméré par nos fautes? Pour sortir de la position difficile que nous *avons créée*, est-il permis, est-il juste, de léguer à nos enfans les plus effroyables catastrophes, et de les livrer pieds et poings liés aux coups de leurs ennemis? Non, non; abjurons ce vil égoïsme. Chaque jour doit suffire à sa peine.

Plus d'emprunts, jamais d'emprunts !! Il faut pourtant pouvoir consacrer, au besoin, 5oo millions à la guerre et 100 millions à la marine : il est impossible de lever sur la France plus d'un milliard d'impôts, surtout en temps de guerre, si l'on ne veut pas tarir toutes les ressources de la reproduction.

Il faudrait donc que toutes les affaires de l'intérieur fussent défrayées, y compris *la dette* et la liste civile, avec 4oo millions au plus.

Il faudrait que, *pendant la paix*, le budget de la France ne dépassât pas 75o millions.

Il est donc indispensable de réviser au plus tôt le tarif de tous les emplois et d'en diminuer le nombre. Examinons d'abord l'armée.

L'armée française est beaucoup moins rétribuée que celle des peuples qui nous entourent. Un capitaine belge ou anglais reçoit autant d'appointemens qu'un colonel en France. Depuis long-temps on sent la nécessité de mettre les appointemens militaires en rapport avec la dépréciation du numéraire et l'augmentation progressive de la valeur des denrées. Cette infériorité des appointemens militaires n'a pas peu contribué à ôter au métier des armes son lustre et son éclat; la vue d'une épaulette ne nous éblouit guères. Quel est l'honnête bourgeois qui ne préfère donner sa fille à un commis de comptoir, aux gages de 2000 f., plutôt qu'à un capitaine ? La prétendue considération attachée au plumet n'est donc plus qu'un vain mot. Chaque grade est évalué d'après le traitement qui y est attaché, et rien de plus.

Il me paraît donc impossible de diminuer encore les traitemens des différens grades de l'armée, car il n'est presque pas de métier qui ne soit plus lucratif; mais on peut diminuer le nombre des officiers d'état-major, et celui des maréchaux et généraux.

Dix maréchaux, si tant est qu'il faille des maréchaux; 100 lieutenans-généraux; 200 maréchaux-de-camp, suffisent pour l'état militaire le plus nombreux et les besoins les plus extraordinaires.

Il y a 10 millions d'économie à faire sur la gendarmerie, en la réduisant à ce qu'elle était avant 1789; et à cette époque il n'y avait pas encore de gardes nationales pour la soutenir et lui prêter main-forte en cas de besoin.

Il y a des réformes nombreuses à faire dans le nombre des employés de tous les ministères, et de plus grandes encore dans la quotité de leur traitement.

Il y a des réformes à faire au corps de l'intendance. Je ne vois pas pourquoi l'on paierait 10,000 f. un sous-intendant, pour faire une besogne qui était tout aussi bien faite par un commissaire des guerres qui ne coûtait que 3,000 fr. En organisant des divisions permanentes, on utiliserait nos généraux en temps de paix; on donnerait le contrôle du bien-être et de la bonne tenue du soldat à ceux qui doivent le conduire sur le champ de bataille, et qui ont un immense intérêt à s'en faire aimer et estimer, et l'on réduiroit de beaucoup les attributions et l'importance des intendans, sous-intendans, ou commissaires des guerres.

Il faut poser un grand principe d'ordre et d'économie, de puissance, de force et de grandeur nationales : c'est qu'il n'y aura pas un seul traitement en France qui soit supérieur à celui de lieutenant-général, excepté ceux des maréchaux et des ministres, qui seront hors de ligne et incomparablement plus forts que ceux d'aucun fonctionnaire civil, ecclésiastique ou militaire.

Voilà le seul moyen de créer une bonne armée, et de se faire respecter de ses voisins. Voilà le secret de l'organisation de la victoire.

Lorsque la république française, à l'apogée de sa puissance, plantait le drapeau tricolore sur les capitales de l'Europe, il n'y avait guères de fonctions salariées que les fonctions militaires. Les administrations municipales et départementales étaient gratuites. Les places de judicature étaient extrêmement peu rétribuées, et le clergé, privé de son casuel et réduit à des appointemens fixes, était encore traité avec plus de parcimonie que les juges.

Alors l'état militaire, entouré de son auréole de gloire, était encore le seul qui offrît en perspective des appointemens de 10,000 fr. de rente. Il était ce qu'il doit être dans un état bien constitué, le plus honoré et le plus payé. Et en effet, quel est le métier qui exige autant de dévouement et de sacrifices ?

Les privations, les fatigues, les bivouacs, les veilles, la faim, la soif, la chance d'être jeté sur les glaces du pôle, ou sous le climat pestilentiel des tropiques, sous le soleil dévorant de l'Egypte et des Antilles, ou dans les déserts de la Russie; la chance de perdre la vie, ou d'être privé de quelque membre; les infirmités précoces qui attendent les militaires dans leur âge mûr, etc., tout cela doit bien être compté pour quelque chose. Si vous n'en tenez aucun compte, soyez sûr que les citoyens ne l'oublieront pas, et que vous ne recruterez pas, ou que vous recruterez fort mal votre armée.

La plupart des officiers voient leur carrière bornée au grade de capitaine. Il serait donc convenable que la solde de ce grade pût fournir à ses titulaires les moyens de soutenir leur existence et même d'élever une famille. On conviendra que 2000 fr. sont bien peu pour atteindre ce but, et qu'il est impossible de rien diminuer sur cette solde. Personne n'oserait proposer ouvertement de rogner ces modiques traitemens. Mais nos agens du fisc, nos commis de la guerre, intendans et autres manipulateurs de budgets, ont bien trouvé les moyens de les réduire du tiers ou de moitié. Voici le tableau des retenues, patentes ou occultes, qui ont lieu sur les appointemens des officiers :

1° La retenue de 2 pour 100 au profit des invalides. 2

2° Les octrois des villes, au moins 7 50

3° La contribution personnelle et mobilière. 2

4° Le logement des soldats (a) . 1

5° Les congés à demi-solde (six mois de congé sur deux ans). . . 12 50

6° Les indemnités de logement que les officiers reçoivent à la place du logement qu'ils avaient autrefois en nature, et qui n'en représentent plus que la moitié. 10

7° Les indemnités de fourrages, qui n'en représentent que les deux tiers. 5

Total. . . 40

(a) On sera peut-être étonné de voir porter en diminution des appointemens le logement des soldats et la contribution personnelle et mobilière. Le lecteur n'est pas obligé de savoir qu'il y a une classe d'officiers soumise à ces extorsions. Ce sont les officiers d'état-major de l'artillerie et du génie. On croit communément en France que la loi est la même pour tous, et l'on ne sait pas que l'on a trouvé commode de frapper d'avance les officiers isolés, et qui ne peuvent établir aucun concert pour réclamer et défendre leurs droits.

Je ne parle pas des souscriptions obligées, des retenues pour le paiement des brevets, de l'abonnement forcé au journal militaire, etc.

Voilà donc les appointemens des officiers, qui sont nominalement ce qu'ils étaient du temps de Henri IV, réduits effectivement de 40 pour 100, au moyen des retenues successives introduites par les agens du fisc. Voilà le traitement des militaires, tel que l'ont fait depuis 30 ans, Bonaparte, ses administrateurs et ses commis, qui pendant ce même laps de temps ont triplé et quelquefois décuplé leur traitement.

Les appointemens de 2,000 fr., qui sont ceux des capitaines, se trouvent donc réduits à 1,200 f.; il leur est impossible de vivre avec un revenu aussi modique. Ceux qui ne reçoivent rien de leur famille sont dans la stricte obligation de ne jamais prendre de congés; il leur est interdit de revoir jamais le sol qui les a vu naître; et les officiers se classent en deux cathégories: les pauvres, qui sont attachés à la glèbe, chargés de toutes les corvées et de tout le détail du régiment, tandis que les riches vont goûter tous les plaisirs au sein de leur famille. Cet état de choses est très préjudiciable au bien du service; et il me paraît incontestable que non-seulement on ne peut diminuer le traitement des officiers, mais encore qu'il faut l'affranchir de toutes les retenues dont on l'a grevé depuis quelque temps.

C'est la seule augmentation qu'il soit possible

de faire aux traitemens militaires ; car l'armée doit être forte et nombreuse, et le budget de la guerre sera encore assez lourd.

N'augmentons donc pas les traitemens militaires ; il est un moyen plus économique de leur donner du relief ; c'est de diminuer de beaucoup tous les traitemens civils. Il est juste, il importe à la considération de l'armée qu'il n'y ait aucun emploi civil qui soit plus payé que celui de lieutenant-général, parce qu'il n'y a aucune place d'administration, de finances ou de judicature qui exige autant de talens, de courage, et surtout autant de sacrifices.

Tout est perdu quand les privations et la misère sont le partage des militaires, et que les plus belles récompenses de l'Etat, les emplois les plus lucratifs, les plus riches sinécures, sont la proie de gens qui n'ont rendu aucun service à leur patrie, ou qui ne lui rendent que des services fort commodes et fort faciles.

Tout est perdu dans un état, quand on voit un petit receveur d'arrondissement se faire, en traitement fixe et en remises, des émolumens de 20 et 24,000 fr.; quand un receveur-général gagne par an 150,000 ou 200,000 fr.; qu'un cardinal cumule 300,000 fr. de rente, et qu'un lieutenant-général ne reçoit que 15,000 fr. d'appointemens.

Tout est perdu quand la vie molle, oisive et dégradante du courtisan conduit plus sûrement aux dignités et à la fortune que les services rendus sur le champ de bataille, surtout dans un siècle essentiellement calculateur, et chez une nation qui évalue chaque emploi d'après les francs et centimes qu'il rapporte.

Lorsque Bonaparte voulut usurper la souveraineté, il dut songer à corrompre : il institua ses places de préfets; mais ne voulant pas, dans le principe, choquer ouvertement les règles du gouvernement qui avait organisé la victoire, et qu'il venait de renverser, il fixa les émolumens de ses proconsuls à 8,000 et 10,000 fr., inférieurs à ceux des généraux de brigade. C'était déjà trop; car combien de travaux, de fatigues, de périls à courir pour arriver au grade de général de brigade! Sur dix mille aspirans, il en reste au moins la moitié sur le champ de bataille, et le reste est congédié avec perte d'un membre ou quelques graves blessures qui les forcent à la retraite, et les condamnent à finir une existence toute de souffrances, au sein de l'abandon et de la misère. A peine, au bout de dix ans de guerre, de ces dix mille braves, échappe-t-il quelques prédestinés, qui deviennent lieutenans ou capitaines. Bonaparte disait qu'un bon soldat ne devait pas durer trois ans.

Si tous les Français devaient sans exception aucune payer leur dette envers la patrie, et s'exposer à leur tour aux boulets et aux balles de nos ennemis; si tous étaient sûrs de retrouver des moyens d'existence en venant se rasseoir au foyer paternel, on pourrait traiter le militaire avec toute la parcimonie possible ; mais dès qu'il n'y a qu'une faible fraction des citoyens qui soit appelée par le sort à être décimée par le fer et le feu, il faut rendre ce métier supportable, si l'on ne veut pas exposer son pays à la conquête ou aux démembremens. Ce sont des institutions vigoureuses, et jamais inférieures à celles des peuples qui nous entourent, qui mettront la France à l'abri des défaites et des malheurs qui en sont la suite.

Ne cessons donc de le répéter : il est urgent de réviser le tarif de tous les emplois et de ne les payer qu'en raison des sacrifices qu'ils exigent.

Bonaparte lui-même, dans son système de corruption, avait été fidèle à cette loi suprême. Tout en gorgeant de richesses ses préfets, ses hauts fonctionnaires civils, il les traitait moins splendidement que les militaires. Lorsqu'il accordait 50,000 francs, 80,000 francs à un préfet, à un directeur-général, à un conseiller-d'état, il donnait 80,000 francs de rente à ses lieutenans-généraux, indépendamment de leur traitement fixe ; mais ces dotations étaient assignées en pays étranger. La victoire avait doté les militaires ; les revers les ont dépouillés : ils sont restés avec leurs simples appointemens tels qu'ils étaient fixés au temps de la république, et les fonctionnaires civils ont conservé les hauts émolumens, tels que la splendeur impériale les avait faits. Plusieurs même ont encore grandi depuis la restauration. Le haut clergé surtout a été traité avec une munificence qui dépasse toutes les bornes.

Des dispositions aussi choquantes ne peuvent plus subsister.

Réduisons donc les places des préfets à 8,000 f.; celles des sous-préfets à 3,500 ou 4,000 francs, au plus, et le reste à proportion. Beaucoup de places de maire sont actuellement rétribuées; c'est un abus scandaleux qu'il faut faire cesser.

Fixons à 3,000 francs, sans aucune remise, sans plus value d'aucune espèce, les traitemens des receveurs particuliers. Supprimons les receveurs-généraux, qui sont inutiles dans un état riche, qui n'a pas besoin d'escompter ses recettes, parce que les citoyens paient exactement leurs impôts, et que presque tous les paient d'avance. Si l'on accorde des remises pour les sommes encaissées d'avance, c'est aux contribuables qu'il faut les payer, et non pas aux receveurs.

Que les recettes des communes soient adjugées au rabais, au lieu d'en faire des places de 2,000 et de 3,000 francs d'appointemens, et de payer 4 et 5 pour 100 ce qui ne nous coûterait qu'un demi ou un tout au plus.

Un membre de la Chambre des Députés en avait fait la proposition à la session de 1829, et elle n'a excité que des risées. Cependant, nos habiles représentans étaient assez vieux pour avoir vu mettre en pratique ce mode de perception.

Il n'y a pas quarante ans que des collecteurs, par adjudication au rabais, ayant leur rôle dans la poche de leur sarrau, venaient chercher la quote-part de chacun. Ils faisaient cette besogne les dimanches et fêtes, et ils se contentaient d'un très léger bénéfice. Maintenant, nous sommes obligés d'aller nous-mêmes porter notre argent chez le receveur, et nous lui payons, pour la peine qu'il nous impose, huit ou dix fois ce que nous payions au paysan.

Nos financiers de la Chambre des Députés peuvent rire de ce mode de perception par adjudication au rabais ; le paysan collecteur n'a pas le grandiose du percepteur de commune procédant par huissier, par avertissement imprimé, mais, quant à moi, je le trouve beaucoup plus commode, et je suis sûr que toute la France sera de mon avis, surtout quand elle saura que ces petites améliorations procureront une économie d'une cinquantaine de millions sur le seul ministère des finances.

Les remises accordées aux ingénieurs des ponts et chaussées sur les travaux exécutés au compte des départemens et des communes, sont onéreuses au peuple par trois motifs :

1° Elles enrichissent trop promptement Messieurs les ingénieurs. Dans un arrondissement où il y a des travaux considérables, un ingénieur se fait au bout de quelques années quinze et vingt mille francs de rente.

2° Ces remises étant de cinq pour cent sur la totalité de la dépense, plus cette dépense est forte, plus l'ingénieur a de profit ; et comme c'est lui qui fait les projets, il est trop intéressé à inventer du sublime là où le plus commun suffirait, et à dépenser 100,000 francs pour un objet qu'un simple maçon remplirait tout aussi avantageusement au gré de la commune, pour dix ou douze mille francs ;

3° Le métier d'ingénieur et même de conducteur des ponts et chaussées est devenu si lucratif et si avantageux, que la concurrence est grande pour y arriver ; et, depuis vingt ans, je connais tel arrondissement où le personnel des ponts et chaussées est quintuplé sans que, pour cela, il y ait des travaux extraordinaires. Il y a donc là encore de grandes réformes à faire.

En poussant ses recherches plus loin, on sera peut-être amené à examiner s'il est bien nécessaire d'avoir un corps des ponts et chaussées. Les Anglais n'en ont point, et cela ne les empêche pas d'avoir des routes superbes, des ponts et des canaux magnifiques. Il me paraît prouvé d'abord qu'il ne faut pas être bien savant pour faire casser des cailloux sur les grands chemins, et qu'une opération si simple n'exige pas d'initiation au calcul différentiel et intégral ! S'il n'y avait d'ingénieurs que là où l'on veut entreprendre des travaux importans, on pourrait au moins en diminuer les quatre cinquièmes.

D'ailleurs, cette administration est, quant à l'entretien des routes, tout ce qu'on peut imaginer de plus vicieux. Un ingénieur est hors d'état de surveiller cet entretien, parce qu'il ne peut être en vingt endroits à la fois, et que la multitude d'affaires contentieuses dont on a grossi ses attributions ne lui en laisse pas le temps. Il est donc forcé de s'en rapporter entièrement à ses sous-ordres, qui ne surveillent pas mieux que leurs maîtres, et qui, par leur éducation et les principes qu'elle suppose, ne donnent pas toujours une garantie suffisante de délicatesse et de probité. Aussi est-il incontestable qu'il n'y a pas d'argent plus mal employé que celui qui est destiné à l'entretien des routes.

Pour avoir de bonnes routes au meilleur marché possible, il faut en adjuger l'entretien au rabais, et, par mesure de police, stipuler que les voitures des rouliers conserveront de larges jantes, et ne pourront jamais être attelées de plus de trois chevaux. Cela amènera le roulage à employer exclusivement les petites voitures comtoises, attelées d'un seul cheval ; et cela ne causera aucun préjudice au commerce, car ces voitures comtoises soutiennent, dans ce moment même, la concurrence contre ces immenses guimbardes à deux roues, attelées de huit et dix chevaux, et qui broyent et réduisent en poussière les cailloux les plus durs.

Il y a partout de grandes économies à faire, même au ministère de la justice.

Le traitement des tribunaux de première instance est ce qu'il doit être; mais celui des cours supérieures, et surtout du parquet, est trop élevé. Ne perdons jamais de vue ce grand principe d'ordre et de bon gouvernement : qu'il ne doit y avoir aucune place plus rétribuée que celle de lieutenant-général.

Peut-être pourrait-on diminuer le nombre des tribunaux; mais c'est une opération délicate qui toucherait à beaucoup d'existences, et que l'on ne doit entreprendre qu'avec la plus grande circonspection.

L'administration de la marine attend des réformes importantes. Il faut enfin l'affranchir du joug honteux où la tiennent depuis si long-temps les commis et les commissaires. Il y a dans cette administration un énorme gaspillage, et l'on peut avoir pour 40 millions une marine beaucoup plus forte et plus redoutable que celle qui nous en coûte actuellement soixante-cinq.

L'administration des postes offre aussi des économies à faire. Il existe un grand abus dans les bureaux de Paris. Ils sont sans contrôle, parce que l'on ne taxe pas en province les lettres destinées pour la capitale. Cet abus doit cesser.

Il faut aussi prendre des mesures pour que quelques chefs de l'administration des douanes ne se fassent pas des traitemens de 75 à 100,000 f. par an.

Du temps de l'empire, le clergé était défrayé avec 11 millions. Actuellement son budget monte à 40 millions, à quoi il faut ajouter environ 5 millions de dons annuels que les mourans lèguent à leurs confesseurs ou aux établissemens ecclésiastiques, et un casuel immense que l'on ne peut guères évaluer à moins de soixante millions. C'est beaucoup trop ; le clergé ne doit point étaler un luxe scandaleux : les ministres d'un Dieu dont le royaume n'est pas de ce monde doivent vivre dans la médiocrité. Le faste ne peut convenir aux serviteurs des serviteurs de Dieu.

Il serait donc avantageux de réduire les prêtres à des appointemens fixes sans casuel, en augmentant peut-être le traitement des curés et vicaires. Ils y gagneraient de la considération, et l'on ne serait plus affligé du scandale de ces refus d'inhumation à des malheureux qui sont hors d'état de payer au prêtre ses honoraires.

Le casuel est une source d'abus graves. Il procure des émolumens énormes aux curés des grandes villes, qui sont précisément ceux qui ont le moins de peines et de fatigues, et qui, perdus dans la foule, peuvent se soustraire plus aisément à l'obligation de secourir les pauvres, les malades et les infirmes. On dit généralement que la cure de Saint-Roch, à Paris, vaut au moins 60,000 francs par an.

Si l'on fixe à 10,000 francs par an le traitement d'un évêque, et c'est bien honnête, il est dans l'ordre qu'il n'y ait pas une seule cure qui procure plus de revenu.

On ne peut obtenir ce résultat qu'en supprimant le casuel, et l'on économisera ainsi à la France une soixantaine de millions. Cette énorme contribution passe inaperçue, et elle ne figure point au budget de l'État. Il est temps de mettre un terme aux profusions extravagantes que la restauration avait introduites dans la fixation des émolumens du haut clergé. Il ne faut pas être arrêté par la crainte d'encourir son inimitié; tout est consommé à cet égard par la révolution de juillet. Le clergé servira toujours de cœur et d'affection la cause du pouvoir absolu, qui lui distribuait tant d'honneurs et de richesses; il s'opposera de tous ses moyens à l'établissement d'un gouvernement libre qui le reléguera dans la sacristie, et l'empêchera de s'immiscer dans les affaires de l'État. Tenons-nous en garde contre les influences du confessional; elles allumeraient la guerre civile, sans aucun doute, si les personnes qui le fréquentent étaient aptes à manier les armes. Il ne faut pas se faire illusion : les prêtres font dès à présent, et ils continueront de faire au gouvernement actuel une guerre sourde et acharnée.

De quelque manière que vous les traitiez, leur esprit ne changera pas.

La seule politique raisonnable est donc de leur ôter, s'il est possible, les moyens de nuire.

L'abbé de la Mennais servait bien son parti quand il tonnait contre l'indifférence en matière de religion. Dans ce moment, c'est cette indifférence qui sauvera l'État. Néanmoins nous ne pouvons dissimuler que notre situation à cet égard ne soit bien plus inquiétante qu'en 1789. Alors il existait parmi les membres du clergé une grande quantité d'hommes éclairés, amis de l'ordre, des lois et d'une sage liberté; alors les classes riches n'étaient point coalisées avec les prêtres pour tenter la conquête du pouvoir, des richesses et des honneurs, au moyen de la religion; elles ne donnaient pas l'exemple de la soumission la plus aveugle aux prétentions de l'Eglise, de l'observance rigoureuse de ses préceptes et de l'assiduité la plus ponctuelle à toutes ses cérémonies; on ne les voyait point chanter des cantiques dans les rues; suivre les processions et passer des journées entières dans les pratiques superstitieuses de la vie dévote. La funeste congrégation des jésuites n'avait pas enlacé la France dans son infernal réseau. Et cependant l'immortelle Assemblée Constituante avait senti la nécessité de reconnaître et d'atteindre les prédicateurs de guerre civile, en imposant aux prêtres l'obligation de jurer obéissance aux lois du royaume.

Pourquoi n'avouerais-je pas que ses motifs me

semblent fondés en droit et en raison ? Eh quoi! nous obligeons un maire, un adjoint, un juge de paix, un garde champêtre, à jurer fidélité au Roi des Français et à la Charte, quoique leurs fonctions soient pour ainsi dire matérielles, qu'elles ne consistent qu'à faire promulguer les lois, à juger les différends, à arrêter les auteurs de quelques dégâts dans les récoltes des campagnes ; l'incurie , la prévarication dans ces actes peut toujours être constatée par le public, et nous frémissons à l'idée d'exiger un serment d'un prêtre qui, dans l'ombre d'un confessionnal, peut impunément conspirer la perte de l'Etat; nous reculons devant la crainte de troubler une conscience qui répugne à jurer obéissance aux lois du royaume!

N'est-ce pas déposer sa couronne aux pieds du Pape que de tolérer de semblables résistances, qui sont condamnées par les préceptes même de cette religion que le prêtre invoque? Jésus-Christ n'a-t-il pas prêché la soumission aux puissances de la terre? En quoi un serment d'obéissance au souverain peut-il toucher aux dogmes de l'Eglise? Si le prêtre le refuse, il se constitue en état d'hostilité flagrante envers l'Etat; et l'Etat a le droit de le rejeter de son sein.

Mais, dira-t-on, les jésuites, les hypocrites, prêteront tous les sermens qu'on voudra exiger d'eux, avec des restrictions mentales , s'entend; et l'honnête homme, d'une conscience faible et timorée, s'abstiendra. Mais alors, pourquoi exiger des sermens des fonctionnaires publics? Vous l'exigez pour leur imposer un devoir, pour les imprégner d'une plus grande culpabilité s'ils prévariquent, s'ils conspirent contre le Gouvernement qu'ils ont juré de soutenir. Eh bien! ces considérations ont mille fois plus de force en les appliquant aux prêtres; car leurs complots sont insaisissables, et leur caractère religieux fait présumer qu'ils ne se joueront pas de la sainteté du serment.

Ne condamnons donc pas légèrement la conduite de l'Assemblée Constituante; peut-être les complots sans cesse renaissans de la cour de Rome et de sa milice nous mettront dans l'obligation de prendre les mêmes mesures.

Les chefs de cette milice sont nos cardinaux, tous créatures du Pape seul, et servilement dévoués à ses ordres. Aussi faut-il voir quel bon marché ils font des libertés de l'Eglise Gallicane; ils les regardent comme des hérésies. « Je ne puis » m'empêcher d'admirer la manière d'avoir des » cardinaux en France (dit le duc de Saint-» Simon), et de mettre des sujets en état de faire » compter avec eux; d'attenter tout ce que bon » leur semble, et de narguer impunément les » rois et les lois. Louis XIV avait senti au com-» mencement de son règne le poids insultant » de cette pourpre. »

La congrégation est un autre embarras, une

plaie immense, bien difficile à sonder et à guérir. Surveillons-la de près ; interdisons toute espèce d'emploi civil ou militaire aux affiliés de Mont-Rouge et de Saint-Acheul ; répandons l'instruction parmi le peuple ; multiplions les écoles d'enseignement mutuel. Tels sont les palliatifs que l'on peut appliquer à ce chancre hideux, qui menace de gangrener tout le corps social.

Il faut se préparer sérieusement à repousser les interventions étrangères, et pour cela la première condition est de ne pas laisser fermenter parmi nous des levains de discorde civile ; et la seconde, d'administrer au meilleur marché possible, et de faire de grandes économies.

Les droits-réunis ne peuvent subsister dans leur état actuel. Le droit de consommation peut être remplacé par un droit de patente plus élevé sur les cabaretiers et marchands de vin.

En général, il serait avantageux d'augmenter les patentes ; car il y a trop de marchands détaillans. Chaque jour voit élever de nouvelles boutiques, et dans beaucoup de villes il y a plus de marchands que d'acheteurs.

Mais surtout ne perdons pas de vue qu'il est urgent de réviser le tarif de tous les emplois, de ne les payer qu'en raison des talens et des sacrifices qu'ils exigent, et de supprimer toute remise, gratification, etc., qui cachent aux investigations des citoyens et des Chambres les émolumens les plus scandaleux.

Il en résultera une foule de biens; le soulagement du peuple, la considération de l'état militaire, la force et la puissance de la France, qui pourra sans emprunter mettre six cents mille hommes sous les armes, indépendamment des milices et gardes nationales; et enfin un terme au luxe qui nous dévore, et à la corruption qui éteint tout sentiment de patriotisme et d'honneur.

L'exemple du luxe et des prodigalités est donné en général par les salariés de la cour et du Gouvernement. On dépense sans soucis et sans prévoyance ce qui donne peu de peine à acquérir; mais les richesses amassées par le travail et l'industrie s'augmentent presque toujours, et se conservent par la frugalité et l'économie. Il est rare de voir un manufacturier, un riche agriculteur, un négociant étaler un luxe insolent et ridicule.

Nos mœurs s'amélioreront donc; toutes les classes suivront l'exemple des hauts fonctionnaires qui ne mettront plus au rang de leurs premiers devoirs ce que les parasites appellent la représentation. Je n'ai jamais pu concevoir comment un dîner qu'un préfet donne à une vingtaine de privilégiés, ou un bal ouvert à peine à une trentaine de familles, était un grand moyen d'agir sur cinq ou six cents mille administrés.

La représentation d'un préfet est dans l'exacte justice qu'il rend aux habitans, dans la stricte exécution des lois, dans de bonnes routes, dans des hôpitaux et des colléges bien entretenus, dans l'encouragement qu'il donne au travail, à l'industrie et aux bonnes mœurs ; mais les dîners, les bals, le luxe, que ces nombreuses réunions encouragent, sont plutôt un empêchement qu'un véhicule pour tous ces perfectionnemens.

J'ai vu un préfet rétablir, il y a peu d'années, une fête grotesque et ridicule qui dure huit jours, et pendant laquelle le peuple accourt de vingt lieues à la ronde et ne fait autre chose que perdre son argent et sa santé dans les cabarets et les mauvais lieux. Le but de la résurrection de cette mascarade est de grossir les recettes de l'octroi. Le peuple se ruine, dépense un million, met ses effets au mont-de-piété ; la France perd un autre million que cette population aurait produit par son travail pendant dix jours ; mais l'octroi met en caisse cinq ou six mille fr. de plus : voilà la compensation !!

Je suppose que, pour donner l'exemple dans ce pays de Cocagne, le préfet tienne table ouverte pendant ces huit jours, soutiendra-t-on qu'aux yeux de la morale et de la philantropie ce préfet représente bien ?

Réduisons donc les traitemens civils ; on ne saurait les tarifer trop bas : on trouvera toujours assez de postulans pour les occuper. Voyez les places de judicature ; on serait presque tenté de trouver trop mesquins les appointemens d'un juge de tribunal de première instance ; cependant, tout modestes que **sont** ces emplois, manquons-nous de sujets pour les remplir? L'école de droit est-elle déserte? Les bacheliers en droit sont-ils rares?

Le moyen le plus économique et le seul praticable de rehausser la valeur des émolumens des juges et des militaires, est évidemment de diminuer les traitemens extravagans des préfets, des commis des finances, des employés de toutes les administrations. N'est-il pas scandaleux qu'un chef de bureau soit plus payé qu'un lieutenant-général?

Ne nous faisons pas d'illusion. L'hésitation, les demi-mesures, les petites considérations, les petits ménagemens, tout cela n'est plus de saison, et doit s'évanouir devant les grandes pensées du salut et de la gloire de la France. La loi de la nécessité nous presse, elle étend sur nous sa main de fer, et la question est nettement posée; il s'agit d'être ou de n'être pas, de vivre en corps de nation ou de subir encore une troisième fois le joug de l'Europe, qui cherchera infailliblement à étouffer le géant dans son berceau, si nous lui laissons quelques chances de succès. Ne nous a-t-elle pas répété souvent que si la France avait un gouvernement libre, elle serait encore trop forte.

Réduisons, réduisons les traitemens : le métier ne sera pas encore tellement chétif que l'on ne trouve dix personnes au lieu d'une pour l'exercer. Ne craint-on pas de ne plus être entouré de solliciteurs? La manie des places tient trop à nos préjugés et à la nature même de la diffusion des richesses en France, pour que nous n'ayons pas toujours à choisir parmi un grand nombre de concurrens. La place de curé ou de vicaire de campagne n'est pas assurément bien brillante, et nous avions naguères 60,000 élèves dans les séminaires.

Le système nerveux prédomine dans la race actuelle. Le travail des mains devient un supplice pour notre génération efféminée ; elle cherche à s'y soustraire, d'autant plus qu'elle est d'une complexion plus faible. C'est à qui abandonnera au plus vite tout métier pénible et qui exerce les forces musculaires ; chacun cherche à éviter la fatigue et les sueurs. On voit dans chaque maison s'élever une ou plusieurs boutiques ; on trouve un excellent écrivain pour la moitié de ce que l'on paye au dernier manœuvre. Les beaux-arts, l'esprit, courent les rues, mais la vigueur corporelle et le courage deviennent rares, et si l'on ne remet la gymnastique en honneur, ainsi que l'esprit militaire, un terrassier, un forgeron, un soldat, seront bientôt plus difficiles à trouver qu'un peintre et qu'un sculpteur.

Ne craignons donc pas la pénurie des sujets

qui se destinent à la plume et aux affaires de cabinet ; la surabondance en ce genre est le seul mal à redouter.

Les gouvernemens des pays riches et avancés en civilisation ont des difficultés à surmonter que n'éprouvent pas les pays pauvres ; ils ne peuvent jamais porter les émolumens de leurs agens aussi haut que les profits des sommités du commerce et de l'industrie ; jamais un État ne pourra donner à un grand général la fortune que le travail de la banque a procuré aux premiers barons juifs.

Voilà, sans contredit, une des principales causes de la décadence des états riches. C'est une situation fâcheuse pour un gouvernement que l'on puisse parvenir à une immense fortune, à la considération qui l'accompagne toujours, à se former une grande clientelle, sans avoir rendu aucun service à l'Etat ; mais le gouvernement augmente lui-même ses embarras quand il prescrit à ses employés, comme un de leurs premiers devoirs, le luxe et la représentation. Il aura beau faire, ses agens seront toujours éclipsés en ce genre par les hautes puissances de la banque et de l'industrie ; c'est une grande faute que d'établir ainsi par dessus tout la puissance de l'argent, car cette puissance est en dehors du gouvernement, qui en aura toujours moins que ses administrés.

Le luxe et la représentation sont des moyens

de corruption, mais jamais de force et de grandeur. Louis XIV s'en est adroitement servi pour dompter l'aristocratie. Un seigneur châtelain, ébloui par l'éclat de la cour, quittait ses donjons pour étaler sous les yeux du Monarque une magnificence puérile, et il dépensait pour un diamant la somme qui lui auroit servi à lever et à entretenir un régiment. Le roi applaudissait à ces extravagances et les encourageait par son exemple, et quand les grands vassaux de la couronne se sont vus ruinés en bagatelles et en superfluités, ils n'ont eu d'autres ressources que de tendre la main et de vivre de brillantes aumônes. Mais il n'y a plus actuellement d'aristocratie à abattre; et s'il se trouvait parmi les industriels quelques personnages redoutables par l'immensité de leur fortune et de leur clientèle, nous avons la Chambre des Pairs pour les absorber. En vain essaierait-on de les ruiner par le luxe, ils savent calculer; les fêtes qu'ils donnent, bien que splendides et magnifiques, sont encore une opération de comptoir et un moyen d'étendre leurs affaires et d'augmenter leurs profits.

Mais, dira-t-on, si les emplois sont tarifés très-bas, les riches ne concourront pas. Quand cela serait vrai, le mal serait-il si grand ? ne sait-on pas que ce n'est pas en général dans cette classe qu'il faut chercher la capacité, les talens et l'application soutenue ? Au reste, si on regarde cela comme un malheur, je suis convaincu qu'il ne nous atteindra pas; j'ai encore meilleure opinion des riches, et je suis sûr qu'il s'en trouvera beaucoup qui ne seront pas insensibles à la vanité, à la gloire, et aux honneurs.

Mais, pour rehausser le prix de ces honneurs, il est une condition indispensable; c'est qu'ils ne soient jamais donnés qu'aux hommes qui auront rendu des services à l'Etat; à cet égard, les principes de l'ancienne monarchie me semblent fort sages; elle ne distribuait presque jamais aucun ruban, aucun ordre honorifique à un fabricant, à un industriel; elle pensait, avec raison, que s'il faisait faire quelques progrès aux arts mécaniques, il en était récompensé par le gain que lui procurait son invention, et toujours en raison de l'importance de sa découverte. La fortune a été son but en embrassant cette carrière; son génie la lui procure, il est donc suffisamment récompensé.

Quoi qu'ils fassent, les gouvernemens modernes auront toujours fort peu d'action sur les riches, qui sont cosmopolites par nature, et par la facilité qui existe actuellement de transporter toute sa fortune d'un royaume à un autre.

Bonaparte a essayé d'étendre cette influence, et, pour y parvenir, il a augmenté d'une manière scandaleuse les traitemens civils; et cependant tous ses fonctionnaires l'ont abandonné, l'ont trahi au moment du danger. Les plus rétribues sont précisément ceux qui ont déserté les premiers sa cause chancelante pour accourir au secours du vainqueur : juste punition du système de corruption sur lequel il avait fondé l'édifice de son pouvoir. Les mêmes événemens se sont renouvelés depuis ; ils sont inhérens à la nature humaine, et il en sera toujours ainsi.

Il n'y a donc aucun inconvénient à tarifer au plus bas les emplois civils ; il y aura toujours plus de capacité, plus de courage, plus de dévouement, et moins d'égoïsme dans les pauvres que dans les riches, et il n'est pas besoin d'un si haut prix pour exciter leur zèle.

Dans l'état actuel de l'Europe, il est indispensable qu'aucun emploi civil ne soit plus rétribué que les premiers grades militaires, *ne procure plus d'aisance que le grade de lieutenant-général*; peut-être même, et dans la vue de soulager le Trésor, serait-il bon qu'une partie des emplois civils fût destinée à servir de retraite aux militaires. Cette institution vigoureuse existe en Prusse et en Russie; or, ce sont les institutions qui font la force des armées, ce sont les institutions qui organisent les défaites ou la victoire : il y va de la vigueur de la mort des États; songeons-y bien !

FIN.